AF331318

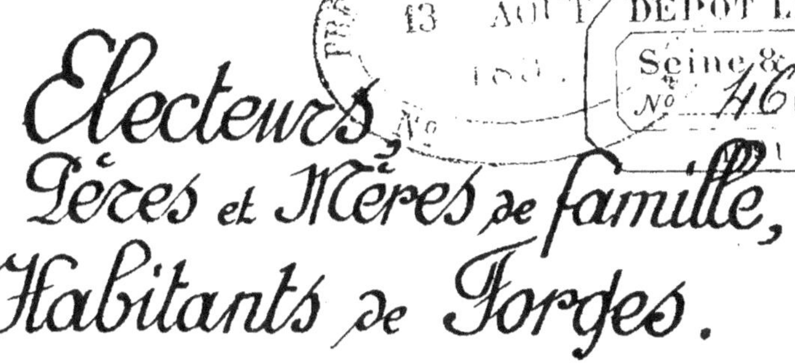

Électeurs,
Pères et Mères de famille,
Habitants de Forges.

Attaqué dans le journal le Républicain
de Rambouillet au sujet des Écoles de la Commune, j'avais répondu, selon le droit reconnu
à tout citoyen français par l'article 13 de
la loi sur la presse.

Je citais des faits et dédaignant les insi-
nuations malveillantes, je répondais en restant
dans les termes de la discussion loyale et
sincère.

Dans le numéro du 8 Août courant,
les inspirateurs du Républicain de Rambouillet
déclarent qu'ils n'insèreront pas ma réponse,
et ensuite, citant deux passages de ma lettre,
ils en dénaturent le sens.

Respectueux des lois de mon pays, pensant que tous possèdent la faculté d'y faire appel, je pourrais m'adresser aux Tribunaux pour que le Droit de réponse inscrit dans notre législation, soit respecté ; mais comme il importe que la population de Forges ne puisse être trompée par des interprétations erronnées, je crois de mon devoir de remettre à chacun de vous copie de la lettre que j'adressais au rédacteur-gérant du Républicain de Rambouillet.

De cette façon, l'opinion publique pourra se prononcer en connaissance de cause.

Vicomte d'Amphernet
Conseiller Municipal.

12 Août 1891.

29 Juillet 1891.

A Monsieur le Rédacteur en chef du
Républicain de Rambouillet.

Monsieur,

Dans le numéro de votre journal en
date du 18 Juillet dernier, vous avez bien
inséré la lettre que vous m'aviez mis dans l'obli-
gation de vous écrire au sujet des Écoles de
Forges, mais vous avez fait suivre cette publi-
cation, d'un long article rempli d'assertions
inexactes, auquel je me vois contraint de répon-
dre à mon tour ; si je ne l'ai pas fait plus tôt,
mon absence momentanée en est la seule cause.

Vous prétendez que depuis et avant 1881,
j'ai fait tout ce j'ai pu et fais encore aujour-
d'hui tout ce que je peux, pour empêcher la
construction des écoles de Forges ; vous citez à
l'appui de votre déclaration une délibération

ancienne du Conseil Municipal de Forges dont je fais partie, où il est dit :

« L'acquisition de la propriété Michelet paraît
« irréalisable pour deux raisons : 1° L'origine de la pro-
« priété de M. Michelet est discutée, l'immeuble fai-
« sant partie de la succession de Mme la comtesse Tolstoï
« de nationalité russe — dont la succession devait être
« réglée par la loi française en ce qui concerne les
« immeubles situés en France, et par suite partagés
« entre ses quatre enfants ; il n'en a rien été. L'acqué-
« reur serait donc exposé pendant trente ans aux reven-
« dications des demoiselles Tolstoï, qui n'ont jamais
« reconnu la prise de possession de leur frère, de qui
« M. Michelet tient ses droits : une acquisition dans
« ces conditions serait donc imprudente.

« 2° Le bon marché du terrain qu'on met en avant
« comme un avantage est fictif ; d'après les renseigne-
« ments parvenus, ce terrain est affecté à la garantie
« d'un prêt hypothécaire au Crédit Foncier. La purge
« des hypothèques est de droit ; dès que le contrat de

_ 5 _

« vente aura été notifié au crédit Foncier, celui-ci ne
« manquera pas de surenchérir, si le prix est insigni-
« fiant : en demandant la mise en adjudication publique,
« le terrain serait alors vendu à sa valeur, étant situé
« au centre de la commune.

« On fait valoir en outre que le terrain est clos de
« murs, mais ces murs, non entretenus depuis très
« longtemps déjà, sont en partie écroulés et à refaire
« complètement, ainsi que le puits dont il a été parlé
« également.

« Par suite de l'exposition au nord et à l'est de
« l'école et du préau couvert, les enfants seraient
« exposés, sur ce plateau élevé, aux vents froids, et ils
« seraient totalement privés du soleil du midi qu'ils
« ont dans leur école actuelle, le soleil serait intercepté
« par la situation que le projet attribue à la maison
« plus élevée de l'instituteur ... ».

A l'époque où cette délibération a été rédigée,
l'intérêt de la commune de Forges exigeait qu'elle
fût prise en ces termes ; je n'étais pas seul à le

penser; M. le Maire actuel le pensait aussi, puisque sa signature se trouve également en bas du document que vous citez. Seulement, depuis cette époque, la situation s'est modifiée, les difficultés provenant de la succession de Mme la Comtesse Tolstoï n'existant plus.

Lorsque la délibération a été prise, M. le Comte Tolstoï s'était mis en possession de la succession de sa mère à Forges, à l'exclusion de ses sœurs, selon les lois Russes. D'après la loi Française qui régit les successions des étrangers, en ce qui concerne leurs biens situés en France, les sœurs de M. Tolstoï avaient droit à une partie des immeubles sis sur le territoire français. Mesdemoiselles Tolstoï pouvaient réclamer cette partie de propriété et il eût été imprudent et de mauvaise administration d'exposer la Commune de Forges à avoir à soutenir un procès à ce sujet. M. Michelet, acquéreur de M. Tolstoï, n'était pas à cette époque, propriétaire incontesté de l'immeuble dont il s'agit ; mais il l'est devenu depuis, par suite d'un accord intervenu entre lui et la famille Tolstoï, accord qui a été homologué par les Tribunaux français et qui rend le droit de propriété indiscutable en faveur de M. Michelet.

La meilleure preuve qu'on puisse en donner, c'est qu'une administration publique et financière comme le Crédit Foncier a pu, depuis ce moment, passer des transactions avec M. Michelet, ce qu'elle n'aurait pu faire auparavant.

Il en résulte que la raison pour laquelle moi et mes collègues, nous nous opposions à l'acquisition du terrain Michelet, n'existe plus ; il est donc raisonnable aujourd'hui de revenir sur ce projet, de faire cette acquisition, en se conformant d'ailleurs à l'invitation du Conseil Général et du Conseil départemental qui y engagent la Commune de Forges.

Ces deux assemblées supérieures et autorisées par leur composition et leur importance, se sont

formellement prononcées en faveur de cet emplacement ; par contre, l'une et l'autre se sont
déclarées formellement opposées à l'aliénation du
terrain de Mr. de St Vincent proposée par Mr. le
Maire. Elles ont dit que ce terrain ne pouvait
convenir : 1°. Parcequ'il coûterait une trop forte
somme ; 2°. Parcequ'il est traversé par un ruisseau infecté par les eaux des buanderies d'un hôpital
où sont soignés plus de 200 petits scrofuleux.

C'est évidemment plus qu'il n'en faut pour
faire rejeter ce projet ; mais enfin, si envers et
contre tout raisonnement, on persiste à vouloir
le soutenir, il faudra se convaincre que le terrain
de Mr. de St Vincent n'est pas disponible et que
la voie de l'expropriation forcée est la plus douteuse,
parcequ'il existe dans la commune des emplace-
ments libres plus convenables rendant l'expropriation impossible à obtenir de l'administration
supérieure, qui ne peut ratifier dans ces conditions
une atteinte aux droits de la propriété, ce serait

en tous cas, la voie la plus longue ; la suivre,
c'est aboutir à un ajournement indéterminé.

On nous objectera peut-être aussi d'avoir
critiqué autrefois l'exposition au Nord et à l'Est,
du terrain Michelet.

Eh bien, Monsieur le Rédacteur, là également,
la situation est avantageusement modifiée, par le
fait des constructions élevées depuis sur ce terrain.
Dans l'état actuel de ces constructions, la recréation
et les classes seraient exposées au Midi, ce qui
réduit à néant les inconvénients signalés jadis.

Vous prétendez que : votre excellent Maire et
la majorité du Conseil municipal ont trouvé un
autre emplacement central bien sain et bien aéré,
près du château de la famille St Vincent.

Sain et aéré, combien vous vous trompez,
en omettant de décrire le ruisseau contaminé à
chaque instant par le déversement des eaux de
l'hôpital des scrofuleux.

Vous omettez aussi de reconnaître qu'une

eau contenant de pareilles déjections, ne doit pas être placée à la portée d'enfants sains, pendant toute la journée, sans braver des dangers redoutables et courir des risques d'épidémie.

Vos correspondants m'accusent d'avoir en 1881, fait décider par le conseil municipal un ajournement indéfini de la décision à prendre sur le projet d'amélioration de l' École des Forges. Ceci est complètement faux ; le Conseil Municipal de Forges, en 1881, a simplement proposé l'étude d'un autre projet sur un terrain appartenant à la Commune et notre adversaire d'aujourd'hui, Mr le Maire actuel qui n'était alors que simple Conseiller municipal, s'est joint à nous pour signer cette proposition. Il ne saurait nous la reprocher sans s'exposer lui-même à un reproche semblable.

Vos correspondants récriminent également contre une proposition faite en 1882, comme réponse à une mise en demeure de la Préfecture de Seine-et-Oise.

Ils oublient ici également que M. le Maire actuel avait encore signé cette proposition.

Vous écrivez : " La vérité est que ce qui déplaît « à M. le Vicomte d'Amphernet dans le projet du « conseil municipal, c'est que l'école laïque, la laïque « comme on dit dans le monde de M. le Vicomte d'Am- « phernet, sera trop rapprochée de son château ... ».

Ici encore, vous vous trompez : d'abord, je dois faire une rectification : le château de Forges, dont vous parlez avec tant d'amertume ne m'appar- tient pas ; il est la propriété de M. le Vicomte de St Vincent ; puis, permettez-moi de vous dire qu'il est malaisé de prétendre que la famille St Vincent n'aime pas l'instruction, car nul ne l'ignore dans le pays, elle s'imposait des sacrifices autrefois et s'en impose encore aujourd'hui volontairement pour fournir une École à la Commune.

Cette fondation, ainsi que celle d'un médecin, subsistent sans qu'il en coûte rien à la Commune.

Vos correspondants nient l'état d'insalubrité

des eaux du ruisseau traversant le potager qu'ils voudraient enlever à M. de St Vincent par une expropriation qui me paraît irréalisable et ils déclarent que si les eaux de ce ruisseau étaient contaminées, il y a longtemps que la famille St Vincent aurait fait un procès à l'assistance publique, propriétaire de l'hospice de Forges. Ils ajoutent que nous aimons les procès et que la Commune de Forges en sait quelque chose.

C'est encore une erreur, Monsieur le Rédacteur.

La famille St Vincent a maintes fois réclamé contre la contamination des eaux de ce ruisseau, quant à leur insalubrité, la commission d'hygiène et la Commission départementale ont fait à cet égard les constatations les plus convaincantes et les médecins ont déclaré en outre, que mettre les enfants à portée de ce ruisseau, serait exposer le village aux épidémies.

Vous laissez dire que nous sommes contre l'instruction. J'ai déjà répondu à ce reproche.

mal fondé, en citant des faits probants;

J'ajouterai toutefois, que très partisans de la nécessité de l'instruction, nous réclamons simplement pour le père de famille, la liberté de donner à ses enfants l'enseignement qui lui convient et nous désirons qu'il ait le droit de choisir entre les deux genres d'écoles que la loi reconnaît.

Est-ce donc trop demander que de réclamer la liberté telle qu'elle se trouve écrite dans le code ?

Il est une phrase de votre réponse contre laquelle je ne saurais trop protester. Vous écrivez:

« Aujourd'hui que notre maire et notre conseil
« municipal présentent un projet excellent, sur un em-
« placement vous appartenant en partie, — car il y a une
« partie dont votre famille s'est emparée, au mépris des
« droits de la commune, — sur un emplacement admirable-
« ment situé, à côté de votre château, au milieu de nos
« maisons, alors vous proposez, hors du village, la maison
« Michelet que vous combattiez il y a quelques années,
« et vous avez l'audace d'écrire que la famille St Vincent,

- « loin d'entraver la construction de l'École, donne au
« contraire à la Commune les moyens de l'édifier, en offrant
« gratuitement le terrain nécessaire à l'agrandissement
« de la propriété Michelet. »

Cette phrase semblerait dénoncer à la population que la famille St Vincent s'est emparée d'une partie de la propriété communale.

Nous sommes d'honnêtes gens n'ayant jamais pris ni désiré prendre rien à personne.

Ce que vous dites est faux. Le terrain dont vous parlez a été confirmé en la propriété de la famille St Vincent par un jugement du Tribunal de Rambouillet, confirmé par la Cour d'Appel de Paris, qui a jugé sur les titres de propriété et le cadastre, c'est-à-dire sur un ensemble de documents conformes aux prescriptions du Code civil et du droit moderne.

On ne saurait être plus régulièrement propriétaire et le terrain que nous offrons, nous avons absolument le droit d'en disposer, parceque il est bien à nous.

Enfin, Monsieur, comme vos correspondants désirent visiblement m'être désagréables, ils me décochent le trait suivant qui ne me blesse pas :

« Tous les habitants de Forges savent parfaitement
« que c'est une fumisterie, et que les frais nécessités
« par cet agrandissement coûteraient vingt fois plus
« que ne vaut le terrain sans valeur que vous offrez.

« Un certain nombre d'habitants prétendent même
« que votre offre, ou plutôt celle de Madame la Vicomtesse,
« est sans valeur, à cause de votre contrat de mariage
« qui vous défend d'aliéner sans remploi. »

Ceci est également faux. J'ai acquis et vendu bien des terrains à Forges sans que mon plein droit de propriétaire ait jamais été entravé en rien, c'est ce qui se pourrait vérifier au besoin en l'étude du notaire de Briis.

Après m'avoir accusé de me moquer des pouvoirs publics, ce qui n'est jamais entré dans ma pensée vos correspondants disent :

« La vérité est que le projet actuel est approuvé par
« la majorité indépendante des habitants de Forges, par
« la majorité du Conseil municipal, par la majorité de
« l'ancienne délégation cantonnale, par M. l'Inspecteur
« Primaire . »

C'est le contraire qui est la vérité. Pour le
reconnaître, il n'y a qu'à se reporter aux ins-
pections faites sur place par la délégation du
Conseil général et plus récemment encore, par
la délégation de l'Académie.

Vous terminez votre longue critique par
cette phraséologie à effet :

« Nous sommes en effet aujourd'hui en République,
« c'est-à-dire sous le régime de la raison, de la jus-
« tice, de la liberté, de l'égalité et de la fraternité ; nous
« ne sommes plus sous le régime royal ou impérial,
« c'est-à-dire sous le régime du bon plaisir, de la
« noblesse et des curés.

Eh bien Monsieur, s'il en est ainsi, comme
l'affirment vos correspondants, je puis être

fondé à croire que les pouvoirs administratifs et judiciaires ne ratifiéront jamais les projets d'expropriation spoliatrice rêvés par M. le Maire de Forges. Dans cette espérance, je dois me sentir rassuré, malgré ses menaces outrecuidantes.

Je vous prie d'excuser l'ampleur de ma réponse qui devait être proportionnée à l'attaque; elle n'excède pas mon droit, aussi, je vous prie de l'insérer dans votre plus prochain numéro sans en rien retrancher, ainsi que la loi m'autorise à le réclamer de vous.

Recevez, Monsieur le Rédacteur, mes salutations très sincères.

Vᵗᵉ d'Amphernet
conseiller municipal
à forges